Dieu ne finit pas

Éditions Verdier
11220 Lagrasse

Pierre Michon

Dieu ne finit pas

Verdier/poche

www.editions-verdier.fr

Ce texte est extrait de *Maîtres et serviteurs,* Verdier, 1990.

© Éditions Verdier, 2013
ISBN : 978-2-86432-735-6
ISSN : 1952-2134

Nous avons connu Francisco Goya. Nos mères, ou peut-être nos grand-mères, l'ont vu arriver dans Madrid. Elles l'ont vu frapper aux portes, à toutes les portes, faire le dos rond, n'être pas nommé au palmarès des académies, louer ceux qui y figuraient, revenir docilement dans sa province, y peindre encore quelque mythologie appliquée, et derechef la présenter à nos peintres de la Cour, un an, deux ans plus tard ; derechef échouer, reprendre le large, ramener encore une Vénus ou un Moïse mal équarris, peints en rase campagne, convoyés sur un âne : ceci à dix-sept ans, à vingt, à vingt-six ans. Elles l'ont vu et elles s'en souviennent peu, ou pas du tout. Mais il ne se peut pas qu'elles ne l'aient croisé un jour, poussant une porte par exemple dans une académie, dans un palais où elles avaient pour béguin un peintre de renom qu'elles allaient rejoindre, Mengs, Giaquinto, Gasparini ou un des Tiepolo, ou quelque autre qui n'était pas un de ceux-là mais se prenait pour le meilleur de ceux-là, un bel Italien sec aux cheveux gris et à la main large, avec l'accent qu'ils ont à vous tourner le cœur, aimant les femmes et aimé d'elles, occupé à trouer quelque plafond de ces cieux infinis où plongent des anges avec des chevaux blancs, des nuages d'Italie, des trompettes, il ne se peut pas donc que poussant cette porte le cœur battant, d'une main faisant bouffer leurs cheveux, leur jupe, elles n'aient trouvé derrière, gourd, planté là comme une borne

avec ses cartons sous le bras, poupin, ahuri
et s'efforçant à sourire, le petit gros de Saragosse ; il ne se peut pas qu'elles n'aient un
instant posé leur œil interrogateur, un peu
fâché, sur ce lourdaud ; devant elles alors il
s'effaçait un peu trop vite, s'inclinait un peu
trop bas, il semblait souhaiter par-dessus tout
disparaître et pourtant il restait là, mouche
du coche et chien battu, à tourner autour
d'eux, la comtesse et l'Italien, ne disant rien
et roulant ses gros yeux, de tous ses gros
yeux regardant dépasser un jupon, jouer
une cheville sur le chevalet où s'était posé
le pied, et quand le maestro pour en finir
daignait jeter les yeux sur le Moïse aragonais ou la Vénus de paseo sortis du carton,
les louer peut-être, par goût, par plaisanterie ou pour s'en débarrasser, il courbait
encore plus l'échine, semblait près de fondre
en larmes et gagnait la porte à reculons,

courbette sur courbette ; et il ne manquait pas avant de sortir de regarder encore ce plafond infiniment bleu, émerveillé comme en foire un paysan devant qui des éléphants passent, mais matois, incrédule peut-être, agaçant, et si les grosses lèvres proches de pleurer disaient « quelle merveille, Maître. Un Raphaël, un Raphaël, vraiment », l'œil jaugeait la femme sous la robe, calculait le coût des bottes et des manchettes de l'Italien, et pourtant vénérait passionnément la main large, le savoir-faire dans les ciels et les saintes Trinités, la compétence mythologique et la séduction native du peintre à femmes, à académies et à plafonds : car avec tant d'envie et si peu de dons natifs il ne suppliait pas, il ne haïssait pas, il se posait là et attendait son heure, incertain si elle viendrait, patiemment, avec beaucoup de maladresse et autant de panique. Elles l'ont

vu avoir peur comme tant d'autres qu'elles
ont oubliés, et nous-mêmes l'aurions oublié
s'il n'avait eu que sa peur. Il se peut aussi
que sur une promenade au mois de mai,
quand le matin est beau, à la Florida ou
sur le Prado elles aient aperçu en passant
la courtaude silhouette embossée dans sa
cape, hivernale parmi des glaïeuls, renfro-
gnée, de l'ombre des chênes verts regardant
sombrement ceux qui en plein soleil roulent
voiture, portent l'habit à la française, ont les
femmes les plus joliment ceinturées, les plus
riantes, les mieux nommées, et quand en
grand équipage arrivait don Rafaël Mengs
ou le Signor Giambattista Tiepolo, elles
l'ont vu faire en catastrophe deux pas, sortir
de l'ombre et dans la lumière apparaître
comme un oiseau de nuit surpris, lever haut
le sombrero et le porter vite au giron pour
la courbette, l'œil révérent porté là-haut

sur l'invisible auréole du Maître trouant le
grand plafond du ciel madrilène, et tout
son visage tremblant dédiait à cette appa-
rition un sourire extatique, paniqué, peut-
être misérable. Et le maître saluait ce gros
jeune homme qui voulait bien faire. Mais
il se peut encore qu'elles aient vu autre
chose ; que ne les aient étonnées ni la flagor-
nerie, ni la balourdise, ni le tremblement
des lèvres qui sont le lot commun de ceux
qui viennent des provinces avec leur seule
ignorance, leur appétit ; que soudain elles
aient trouvé qu'il portait bien la cape : car
lorsque sombrero bas et œil déférent devant
le Seigneur Mengs, buvant ses paroles qui
trimballaient des histoires de Grecs d'avant
le déluge, du Beau éternel selon Winckel-
mann, de la figure humaine quand elle est
tangente à celle des dieux, toute la *pittura*
légendaire, toute la théorie prussienne, il

se peut qu'elles-mêmes qui n'entendaient goutte à ces lubies d'hommes très sérieux, elles aient vu la figure poupine jusque-là concentrée, désespérément appliquée à comprendre, comme affolée, d'un seul coup se défaire et pétiller d'une furieuse envie de rire; il se peut qu'interloquées elles aient prêté grande attention à ceci, ce blasphème ou cette force insolente que Mengs, tout occupé de soi, ne voyait pas : ce que le petit Aragonais essayait sincèrement, douloureusement, de comprendre, il n'y croyait pas. Elles se demandaient un instant pourquoi il avait choisi de peindre, si peindre à la fois était un pensum et une plaisanterie, le navrait jusqu'aux larmes et le tordait de rire; pour avoir pignon sur rue et rouler carrosse, pensaient-elles; peut-être aussi pour souffrir et se moquer de tout, tant l'homme est curieux. Elles observaient cela, cette folie de cet homme qui n'était pas fou : et il n'était pas lourdaud du tout, sur le trottoir prenant congé du maître et de la belle à grandes courbettes gauches à cause des toiles qu'il avait sous les bras, bredouillant « Léonard, Maître, oui, les anges, le sourire, l'espace », bâchant à grand soin sur le bât de son âne ses Moïse, et s'éloignant à califourchon, un peu penché sur les grandes oreilles, flattant sa bête à qui peut-être il parlait de Raphaël ; et elles se demandaient si ce qu'on entendait quand l'homme et l'âne passaient le bout de la rue, c'était braire l'âne ou l'homme rire ; mais peut-être que l'un et l'autre, pliant sous les croûtes et les références, pleurait à sa façon. Elles ont vu ceci ou cela. Il refermait sur lui la porte, il s'enfonçait dans les feuillages de la Florida, il fouettait son âne. Il retournait en Aragon. Il n'existait pour personne.

Ce qu'il faisait en Aragon? Il y peignait, Madame, évidemment. Et là nos mères ne l'ont pas vu, mais sa mère à lui, doña Gracia, et les filles du peuple qu'il amenait dans son lit, lavandières de l'Èbre ou putains; de celles-ci nous ne savons rien car elles ne parlent pas, battent le linge et se mettent sur le dos, soignent leurs engelures et leur honte native, butées, les lèvres pincées, arrogantes et ruinées; mais peut-être dans un album inconnu les a-t-il dessinées, contre un peu d'or, telles qu'il croyait les voir et telles sans doute qu'elles furent, inachevées, le visage trouble comme une mauvaise eau de fleuve urbain qu'un bleu de lessive salit, l'œil comme une mare, et tous leurs traits hésitant entre l'effondrement d'une jeunesse bien peu goûtée et la vieillesse éternelle. Non, il est fort peu probable qu'il les ait peintes ainsi; peu probable même qu'il ait

joui d'elles, car la jouissance il se la mettait
de côté pour plus tard, quand enfin il serait
Mengs ou Tiepolo, quand on étreint des
comtesses et qu'on peint des plafonds ; et
sa mère a dit à nos mères qu'il avait été un
bon fils bien correct, non pas dissipé mais
travailleur, poussant avant le jour la porte
de l'atelier de son père, le vieux maître
doreur qui avait été un époux bien correct,
traversant cet atelier donc où sa chandelle
allumait des retables peuplés de paradis,
sur quoi de face et tout droits vous bénis-
saient des San Isidro, des San Antonio, des
Santiago, tout d'or et de relief certain, clairs
et précis comme tout ce que le Seigneur
créa. Ainsi, disait doña Gracia, traversait-il
à l'aube l'atelier paternel plein de châsses et
de crosses, pour gagner le sien propre, plus
petit, concédé au fond de l'atelier paternel
– car il ne pouvait plus travailler chez Luzán,

son maître, ils étaient fâchés ; et là toute la
sainte journée il s'échinait à peindre, peut-
être des Vénus et des prophètes, assurément
des San Isidro et des Santiago lui aussi,
nets comme le Seigneur les fit et nettement
à Lui les appela ; et quand doña Gracia
entrait avec du saucisson, du chocolat, elle
le trouvait à genoux devant sa toile, le nez
dessus, empesant à petits coups un de ces
impeccables frocs dont Zurbarán affuble ses
saints de chartreuse, un de ces capuchons
amidonnés et magiques que des ménagères
pieuses ou des anges ont repassés à l'instant ;
ou encore, mais plus renfrogné que s'il eût
écrasé des rouges dans les plaies du Sauveur,
il peignait à grand tourment ces mains de
sainte telles que les Italiens les décidèrent,
ces doigts déliés, heureux, visibles, où toutes
les phalanges apparaissent, s'incurvent,
caressent l'espace miraculeux, épais et clair ;

d'autres fois il redressait toute sa petite taille et se donnait l'air d'un qui brosse des fonds larges, insolents mais précis, avec le grand brio de la manière vénitienne : il faisait rire alors, dit doña Gracia, il était comme un enfant sur les épaules de son père. Elle ne dit pas, doña Gracia, que le père parfois dorant de son petit pinceau une barbe, une sainte clef de saint Pierre, entendait de l'autre côté jurer, une toile se crever comme un tambour, et le petit gros méchamment rire en hachant menu ses châssis ; cela, les mères font mine de ne pas l'avoir su. Ce qu'elle dit en revanche, et nous voulons bien la croire, c'est qu'il allait faire le fou, les jours chômés, dans leur petit lopin de Fuendetodos à la campagne, et s'y démenait avec la fièvre d'activité sportive qui s'empare absurdement des gros ; en compagnie de petits casseurs de son âge il agaçait quelque taurillon et parfois un taureau, une vraie bête très noire, quoique ce fût peut-être dans un semblant d'arène avec un semblant de muleta, quelque chiffon trempé dans ses rouges ; mais avec une épée vraie aussi, de fer qui coupe. Et même dans un lieu aussi perdu que Fuendetodos, il dut y avoir des mises à mort. Cela nous le savons toutes, car plus tard il s'en fit gloire auprès de toutes, comme s'il avait passé son temps insouciant à cela, toréer avec cape, culotte de majo et bas roses, et non à bricoler désespérément des drapés italiens et des frocs sévillans, dans un atelier peuplé de saints vermeils à l'usage des chapitres ; et il en parlait comme si c'eût été toujours en plein soleil, dans le plein juillet de sa jeunesse, celle que pour les autres et peut-être pour lui-même il inventait.

Mais nous, nous ne l'avons pas vu toréer ; et rien ne nous interdit de penser que sous la confusion d'un ciel pluvieux du mois de mars de sa vingtième année, il se contenta d'observer ce petit gâchis si juste, si conforme à la Création bâclée: il pleut ce jour-là sur Fuendetodos, sur le poil noir fumant, les naseaux mous; les pattes incommodes ploient, la boue jaillit; quelque chose souffre, c'est peut-être aussi bien le ciel et sa pluie que la bête et son matador, qui de tout l'avant-bras s'essuie les sourcils pour y voir clair et estoquer; pas de soleil surgi pour la mise à mort, pas de rafales accrues, seulement quelque chose qui coule un peu comme dans une toile mal peinte qu'on sabote à plaisir. Et autour de ce monceau de viande noire ruinée, sabotés à plaisir, lourds et flous, les joues bleues, conçus à la va-vite dans des copulations de grange, des paysans aragonais poussent dans la pluie des jurons ternes et ravis, dansent une gigue d'avant le déluge, tout gris sauf sur l'épaule de l'un cet écarlate,

la muleta qui déteint. On ne torée pas sous
la pluie, Madame? Sans doute. Le ventre
impeccable des chevaux blancs s'élève dans
le bleu des plafonds. Des créatures d'envol
laissent à terre leur poids et emportent
là-haut la forme et le chant, dans le beau
temps des cieux. Oui, disait doña Gracia, il
toréait pour les fêtes chômées, mais dans la
semaine il peignait avec beaucoup de soin
de jolis tableaux. Il était travailleur. Et bien
sûr qu'il besognait ferme; car il n'eût pas
décroché sans cela ces petites commandes
qu'on sait qu'il honora, à Sobadriel, à Remo-
linos, à l'Aula Dei chez les chartreux, tous
patelins à un jet de pierre de Saragosse, à
moins d'une matinée d'âne de la boutique
aux saints dorés, et là dans ces chartreuses,
ces petits palais de parvenus, ces églises
enterrées, d'autres saints à fresque l'atten-
daient, mais de sa main et à peine moins

dorés ; des saints dont les commanditaires cherchaient quelque barbouilleur pas trop méchant, sans prétentions, peu italien de façons mais à la manière italienne peignant, qui préférât l'âme à la forme comme on dit dans les provinces, bien convenable, déférent envers les coadjuteurs et, avec le marguillier, poli. Quel mérite plus particulier lui valut ces commandes ? Allons Madame, non, pas son talent, que quelques clairvoyants eussent aperçu quand le reste du monde avait les yeux crevés, pas la royale palette qu'il n'avait pas encore ni le grand esprit qu'il n'eut peut-être jamais, pas ce don d'observation divin et farfelu que l'ignorance prête aux peintres : ne soyons pas grossières, nous avons des yeux nous aussi. Pas de mérite particulier mais sa bonne volonté, une certaine façon de si bien comprendre qu'on refusât une année son projet et qu'on l'acceptât l'année suivante,

l'empressement à venir de Saragosse sur son
âne et non pas sur celui de l'abbaye, et tant
de célérité à faire plus vivante telle figure
en la tempérant de cette retouche infime
et désastreuse qu'un prieur féru d'antiques,
qui jadis avait fait le voyage à Saint-Pierre
et donc avait tout vu, suggérait paternelle-
ment, non sans esprit. Il était aux galères,
vraiment : non pas parce qu'il ne savait pas
peindre, car il avait appris cela, qui est sans
doute à la portée de la moitié des hommes,
c'est-à-dire de n'importe qui, avec de l'exer-
cice ; mais parce que l'intérêt de la peinture,
dans quoi il s'était on ne sait pourquoi four-
voyé, comme un taureau dans une arène
ou tout homme vraisemblablement dans sa
propre vie, lui échappait ; et que pourtant
il aimait la peinture, comme tout homme
sa propre vie, et peut-être le taureau l'arène ;
on a raconté depuis que ce qui l'exaspérait

alors, c'était d'avoir à jeter sur un mur des peuplades d'anges ou des entrevues entre le Dieu vivant et ses pauvres bougres de Témoins : que ne les a-t-il bien peints, ces bougres, lui dont on nous rebat les oreilles aujourd'hui qu'il n'aimait que les bougres ? Et nous savons toutes que jeter sur un petit album des lavandières boueuses et des vieilles toquées ne l'exaspéra pas moins, plus tard : que la peinture, ce qu'il appelait la peinture, lui était à jamais hors d'atteinte, et qu'il ne peignait que pour cela. Pas tout à fait cependant : cela rapportait de l'argent, aussi, cela avait engraissé l'impayable Mengs et l'avantageux Giaquinto, et il voulait engraisser, lui aussi, le petit gros. Donc dans ces chartreuses de campagne, pour engraisser, pour comprendre, il faisait un peu de Tiepolo dans les bleus de ciel, un peu de Zurbarán dans les plis qui à terre tombent et cassent,

quelque nuage où s'asseoir quand on est de
Là-Haut, et ces ailerons de mésange qui
tiennent aux omoplates angéliques comme
un faux nez de mi-carême ; et aussi quelque
pauvre bougre de Témoin, saints martyrs ou
mitrés, qui sous les cisailles ou la pourpre
indifféremment avaient l'air de n'être pas
là. Il bricolait des choses qui faisaient joli,
lui qui ne sut jamais ce qu'est, Madame, ce
que nous appelons une chose jolie. Il brodait
tout cela avec de la modestie souvent, car il
pensait qu'un jour il arriverait à faire presque
comme Mengs ou Tiepolo, c'est-à-dire à
empocher ce qu'ils empochaient, mais la
plupart du temps sans doute avec une colère
absolue, invisible, ou un rire absolu dont il
vaut peut-être mieux que nous ignorions le
son ; et s'il arrivait que la vieille pauvresse,
celle qui polit les ors de l'autel et change
dans les vases les lys pourris, que celle-ci

entrât dans la chapelle et entendît ce rire,
interdite levât les yeux vers le fresquiste se
retenant à deux mains sur son échafaudage
sous ses rémiges d'archanges, qu'elle s'en-
quît bonnement du pourquoi : C'est, disait
Francisco, ce vieux chien malade du prieur,
celui qui n'y voit que d'un œil, qui a un peu
trop regardé mon saint Jérôme et a détalé
la queue entre les jambes comme si le saint
était sorti d'un bois pour le mordre. Et la
pauvresse riait aussi.

Cela pendant dix ans. Son heure vint,
cette petite heure où il se dit, vers trente ans :
Allons, je serai peut-être Mengs, si Dieu
m'aide. Dieu l'aida sous la forme inattendue
d'un homme dont vous ne vous souvenez
pas, Madame, mais qui fut jadis peintre,
très en cour et qui l'eût été davantage s'il
n'eût perdu son temps à jalouser son ombre ;
qui, rencontrant le petit gros, le jugeant

inoffensif, s'intéressa à lui et décida de le pousser dans le monde, comme faire-valoir et pourquoi pas porte-couleurs ; oui, Dieu mit sur sa route, plus fat que Tiepolo-le-fils, plus embobelineur qu'un Napolitain et plus nul que Mengs, le grand Francisco Bayeu.

De cela, de ce petit coup de dés pipés, nous savons tout ce qu'on en peut savoir, car la pauvre Josefa nous l'a dit, ou l'a tu de telle sorte qu'elle n'en parlait pas moins, Josefa Goya née Bayeu ; Josefa avec sa petite natte chiche roulée sur l'occiput, ses cheveux blonds ni roux et ses traits indécidés aussi, son sourire pâle et ses bons yeux ; Josefa qui lui donna quarante ans de sa vie jusqu'à sa mort, sa mort à elle, et à qui il fit l'aumône d'un unique petit portrait d'elle, en quarante années – ce portrait qu'elle gardait dévotement, que j'ai vu dans sa chambre, qu'elle regardait assise les mains jointes avec son petit sourire timide telle qu'elle était portraiturée là, mains jointes et sourire timide, remerciant Dieu peut-être de ce miracle, ou s'excusant de son immodestie : il l'avait peinte une fois, avec les mêmes couleurs et la même main, lui qui peignait la reine et les cardinaux-ducs, les infants et leurs jouets ; Josefa qu'il appelait Pepa et qui lui était aussi nécessaire que la grande brosse dite de Lyon et le noir-de-fumée, qui peignent les fonds et qu'on ne voit pas, mais qui sont le tableau, l'espace, sans quoi les princes chamarrés du premier plan sont aspirés par rien ; que peut-être il aima, comme elle n'osait le dire et n'osait le penser, qu'il engrossa dix fois en pure perte, sauf cette fois-là où ce fut le petit Javier qui naquit, Javier qui n'alla pas rejoindre dare-dare dans la fosse ses petits frères et sœurs arrêtés sous leur forme parfaite, achevés comme n'importe quel tableau, n'en finissant pas de se décomposer comme les tableaux de leur père ; mère donc de tous ces petits cadavres et du corps vif de Javier, qui fut fat et aimé de son père, qui eut lui-même pour fils Mariano, plus fat s'il se peut et adulé de son grand-père ; Josefa, sœur dédaignée de Francisco Bayeu, qui passa aux mains de Francisco Goya qui voulut bien d'elle, en plein mois de juillet, en plein Madrid, enfin presque, dans la petite église de Santa María, qui est dans un faubourg de Madrid.

Elle ne dit pas qu'elle fut heureuse, Pepa, ce 25 juillet. Mais le racontant vingt-cinq ans plus tard elle en rougissait encore, non pas comme vous rougissez, Madame, mais comme rougissent ces blondes modestes, gommées, sans traits, confuses de leur plaisir et qu'il soit visible, navrées de ce que leur rougeur les efface un peu plus, et que leur joie ressouvenue soit sans doute bien peu de chose, puisque cette grande émotion en allée qu'elles vécurent ne met dans l'œil des autres nulle envie, à peine de l'intérêt, mais ce simulacre de compréhension qui est de l'apitoiement; elles sont habituées à cela, les blondes gommées, elles parlent avec. Elle racontait donc combien il était heureux, lui, son Francisco, ce 25 juillet, dans son habit gris perle à la française qui le serrait un peu, petit certes, mais redressant bien sa taille, et pas si gros qu'on l'a dit, mais joufflu, oui, comme un enfant, et comme tel se réjouissant de tout, de se marier, d'une pie qui passe au-dessus de Santa María quand les cloches se mettent à sonner, des petits enfants d'honneur tout en rouge qui s'empêtrent dans leur bouquet de glaïeuls blancs, dans leurs petites manières de petits hommes, et ces yeux ronds qu'ils font soudain, ces larmes qu'ils versent on ne sait pourquoi, parce qu'un nuage passe sur le soleil, parce que la marche du parvis est trop haute pour leur pied, parce que le monde ne s'arrête pas sur l'instant de leur joie. Il était comme eux, dit Pepa. Et s'il se réjouissait, ce n'était pas d'entrer par calcul et barbarie dans le clan Bayeu, comme l'ont dit les mauvaises langues; pas d'entrer presque dans Madrid, d'en être aux portes; pas de devenir séance tenante, par un coup de baguette magique, par le dépucelage d'une pauvre fille, beau-frère de Francisco Bayeu, peintre du roi, disciple favori de Mengs et son dauphin assuré, pète-sec et omniprésent, incapable, puissant; et beau-frère par la même occasion, dans le même sac, de Ramón et Manuel Bayeu, non moins peintres et non moins incapables, mais plus doux, de traits et de vouloir émoussés, depuis longtemps embourbés dans la morne palette de Bayeu-le-Grand, faire-valoir tous deux et porte-couleurs ; non, disait Pepa, on ne m'ôtera pas de l'idée que tout cela est médisance : il était heureux d'entrer dans la famille de mon frère, c'est vrai, mais c'est qu'il l'aimait, mon frère, qu'il l'admirait et l'écoutait beaucoup parler de peinture – il connaissait tout, mon frère, et mon fiancé en avait encore des choses à apprendre. Il était peut-être heureux aussi de m'épouser, moi, je ne sais pas.

Voyez, donc : ils sortent de Santa María, dans ce beau matin de juillet à Madrid, quand la chaleur est déjà forte, mais jeune. Ils ont leur tricorne à la main ; Bayeu a un habit de velours brun chaud et une culotte ocre jaune, il est juste derrière Goya et, comme il est plus grand que lui, il lui met une main sur l'épaule et lui montre le beau temps. Ils lèvent les yeux tous les deux, et tout cela les charme autant que nous : autour d'eux des peintres et déjà des comtes, des gilets brodés de majos et des grands cordons d'azur sur des poitrines ducales parées à la française, des livrées plus patentes que des blasons, mille robes, qui à la française, qui en maja ; et là-haut des cloches qui bondissent, les monstres délicats de bronze lourd qui sont à l'oreille ce que les fleurs sont aux yeux, et de même que des fleurs, c'est-à-dire modestement mais sans faillir, affrontent et saluent la grande coupole immodeste des cieux ; éventails et tricornes sont aussi des fleurs, dit Bayeu penché sur l'épaule de Goya. Mais quoi ? Le marié ne fronce-t-il pas les sourcils, et est-ce pour crier que la mariée a

ouvert la bouche? Que se passe-t-il soudain,
Madame, sur ces épousailles? Est-ce une
averse en plein juillet, sans que rien se soit
amoncelé là-haut, soudain là? Dieu n'est
pas en colère, comme on dit, et le serait-il
d'ailleurs que nous n'en saurions rien, il ne
le montre plus. Ce n'est pas non plus une
descente de l'Inquisition, avec bûchers et
charrettes, sambenito et grand tonnerre
scandé d'exhortations latines, l'Inquisition
n'est pour rien là-dedans, comme d'habitude. D'où vient pourtant sur leurs têtes
cette exécrable grandeur? Quel mauvais
peintre s'en mêle? Des tricornes s'envolent
dans la bourrasque, et ce n'est pas du vent
qui les a pris, ils montent, noirs vers tout ce
noir qu'ils n'auront pas de mal à atteindre,
deux coups d'ailes et c'est fait, car le ciel n'est
pas plus haut que le plus petit clocheton de
Santa María, ce sont de drôles d'oiseaux qui

volent, et vous dites que c'est un glas, maintenant ? Et ces pauvres invités sur les marches
de pierre, comme ils sont désemparés, tout
leur choit des mains, ils se courbent pour
ramasser, ils se courbent, ils ont des trous
d'ombre sur la figure, et ce menton épais
qu'ils ont, cette laideur molle, cette bouche
que vous dites bestiale, Madame, qui se
tord et se retrousse, s'épaissit, montre hors
du parler les dents et la langue, ce n'est pas
de la laideur d'âme, non, ce n'est pas appétit
ni luxure – avec le temps qu'il fait ! – ce
n'est pas même de la peur car ils savaient
bien que le coup de vent viendrait, c'est de
la peine, Madame, c'est beaucoup de peine.
Le havresac du ciel noir pèse lourd aux
épaules. On tient ça comme on peut. Quoi
encore ? Qui a tué cette femme, troussée
jusqu'aux aisselles en travers des marches,
la tête en bas ? Et que d'eau coule dans ses

jupes levées, sur son malheureux visage ni
blond ni roux, sur son ventre maigre dont
ne sortira pas Javier, dont ne sortiront pas
dix petits cadavres et quasi-cadavres. C'est
Bayeu et ses frères, c'est l'ami Zapater, ce
sont les ducs, c'est le vieux maître doreur
venu en liesse de Saragosse avec sa redingote du dimanche, tous ces Nabuchodo-
nosor à quatre pattes autour, qui broutent
et qui sont peintres, qui broutent et qui sont
ducs, qui pleurent surtout sans doute, mais
comment voir avec la pluie? Ce doit être le
vent qui les a fait tomber, allez, ce n'est pas
la folie, ce n'est pas la mauvaiseté. Ce sont
eux? Allez savoir. Ils se ressemblent tous, on
ne sait qui dévore qui. Mais le petit gros
qui là-bas s'enfuit dans la ruelle avec l'habit
naguère gris de perle, ruisselant, dégouli-
nant sous des trombes d'eau comme une
palette de sagouin, ce diablotin rondouil-

lard qui exulte sous le jet des gouttières, il nous semble bien que nous le reconnaissons, avec sa gentillesse, sa fraîche joie de vivre, sa modestie et son grand couteau dans ses basques. Un couteau, où cela ? Pas dans les mains en tout cas de Francisco Goya qui se tourne en souriant vers Francisco Bayeu et lui dit que oui, tout est fleur, éventails et aubépines pressées des mantilles blanches, bichons, catogans des majos et boucles à leur culotte, parements rouges au tricorne du suisse, mains des femmes phalange à phalange écloses comme pétale à pétale, et voyez, mon frère, ces petits enfants tout en rouge qui nous regardent avec leurs yeux si nets, comme ils sont à peindre : il en rajoute, certes, comme d'habitude, mais c'est là un bien petit péché. Allons, c'étaient des songes.

C'est un bizarre songe qui m'est venu. La vie sinon serait un mauvais rêve. Non, il fait beau, regardez mieux, Madame, ils sont paisibles en haut de ce parvis, ils resplendissent de couleurs et de joie, le ciel de Tiepolo est parfait là-haut, profond, loin : tout ce bleu le Créateur l'a fini, il n'y a rien à reprendre. Nous pouvons donc nous marier en habit gris de perle, avoir des fils. Il n'y a rien à redire. Et le blanc et le noir de la pie posée sur l'arbre de la place Santa María, arrêtée, bec soupçonneux et net, œil rond et dessiné, ce blanc et ce noir sont bien tranchés d'un trait magistral, plume blanche sur plume noire à petits coups précis, ne se mêlent point, ne se mêlent point aux feuilles non plus, ni les feuilles au grand bleu d'en haut. Goya regarde cette pie.

Il tient gentiment Pepa par le bras.

Il descend les marches, il hésite s'il remettra ou non son tricorne, puis décidément il s'en coiffe : il aborde sa part de bonheur dans ce monde. Vous savez ce qu'est le bonheur, Madame ? Ces périodes de la vie, propres souvent à la jeunesse, mais pas toujours, où l'on a foi en soi sans se prendre pour un autre que soi, où l'on espère que dans un an, dans dix ans, on sera enfin comblé, c'est-à-dire abouti, on aura ce qu'on veut, on sera une fois pour toutes ce qu'on souhaite, et on le demeurera ; pour l'instant on souffre, on est un peu moins ou un peu plus que soi, mais dans dix ans on y sera, là où il faut : c'est cette petite souffrance, le bonheur, et nous savons toutes que pendant ces cinq ou six ans Goya fut heureux. Il était patient, il se voulait médiocre, il s'apprêtait à faire carrière ; et pour cela bien sûr il était un peu charlatan, un brin de talent et un brin d'imposture, talent dans la couleur, dans les courbettes aux Princes, les ronds de jambe, les entretiens gourmés ou pleins d'esprit à

propos des maîtres, de la technique, du fini,
du rendu : ceci avec Bayeu qui se prenait pour
Mengs, avec Mengs déjà moribond mais ne
démordant pas de se croire la théorie même
devenue pinceaux, avec de jeunes collègues
non moins talentueux et imposteurs que
lui-même, qui voulaient engraisser, rouler
voiture, peindre bien, être un jour Mengs ou
Tiepolo selon que leurs goûts ou leur palette
les portaient vers les anges raides comme
des papes de celui-là, ou ceux, suaves et de
chair équivoque, de celui-ci. Et l'imposture,
après tout, d'être si bien partagée, est-elle de
l'imposture ? Pourquoi la peinture ne serait-
elle pas une farce, puisque la vie en est une
et qu'il suffit d'épouser la pauvre Pepa et de
flagorner Bayeu pour avoir des commandes
de princes, des regards de duchesses ? Allons,
il n'y avait pas de quoi briser ses châssis
comme on le faisait jadis à Saragosse, pas de

quoi crever de rire au-dedans quand Mengs parlait du Nombre d'Or. Tout cela était enfantillage; c'était trahir la confrérie des peintres, la peinture peut-être et la marche des choses: imaginez-vous un augure riant à la face d'un grand capitaine très sérieux et inquiet, penché sur des tripes de poulet à propos desquelles d'autres augures très sérieusement glosent? Le grand capitaine perd sa bataille, les augures sont chassés, le peuple sait que son malheur n'a pas de sens, qui y gagne quelque chose?

Non, ce qui est sérieux, ce qu'est peindre, c'est travailler comme sur la mer un galérien rame, dans la fureur, dans l'impuissance: et quand le travail est fini, que le bagne s'ouvre un instant, que la toile est accrochée, dire à tous, princes qui le croient, peuple qui le croit, peintres qui ne le croient pas, que cela vous est venu d'un seul coup, contre votre volonté et miraculeusement en accord avec elle, sans fatigue presque comme un printemps qui vous pousserait au bout des pinceaux, que quelque chose s'est emparé de votre main et l'a portée comme des putti d'un seul doigt tiennent un char, quelque chose qui est Tiepolo revenu, toute la *pittura* en vous infuse, l'observation de la nature tant aimée (entendez-vous alors, Madame, ces grands rires silencieux dans la tête des peintres?), l'art enfin, ailé comme un ange et facile comme une maja. Autant imaginer un forçat sur le pont de sa galère, un boulet à chaque pied, les mains mortes, déclamant que la mer a gentiment bougé sa rame, a purgé pour lui sa peine, l'a bercé – et pourquoi pas, qu'elle est née de sa rame?

Il joua ce jeu pendant cinq ou six ans, et cette fois avec bonheur, car (vous l'ai-je dit?)

maintenant il savait peindre, et il n'ignorait pas qu'il savait peindre. Non pas qu'il crût à sa peinture, comme on dit ; non pas qu'il crût désormais à la Peinture, à cela d'inaccessible dont l'absence et le guet l'avaient torturé jadis, ce douloureux espoir qui l'avait peut-être saisi enfant parmi des saints dorés qui le regardaient, lui demandaient quelque chose, cette chimère, plus fugace qu'une ombre et jamais vue, faite de la prodigieuse conjonction d'une main et d'un petit espace qui serait le monde ; et le monde naîtrait de cette main. Oui, Madame, ce qu'il avait voulu jadis, c'était que le galérien signât de sa main la mer, et puisqu'il ne pouvait en être ainsi, pourquoi ne pas rejoindre son banc parmi ses semblables, ahanant, peut-être heureux, attendant la soupe, ramant ? La peinture n'était que cela ; et il savait peindre, si ce n'était que cela. Il fut heureux assurément,

à son banc, dans la calle del Reloj, la Pepa
lui faisait la soupe, les princes voulaient une
chasse à la caille, un pique-nique, une balan-
çoire, et lui il peignait sans forcer des fusils et
des cailles, des grappes, un jambon sous des
arbres, avec des bleus fins et des roses, des
rouges attendus mais qui font mine de surgir,
tout Giaquinto. Quel repos. Il pensa qu'enfin
il en avait fini. De grade en grade paisible-
ment il irait vers sa mort, celle d'un excellent
peintre. Et un soir l'attendait où parmi des
charmilles italiennes il boirait content, vieux,
maître, dans l'ombre de feuilles, cent plafonds
derrière lui, don Francisco Goya.

Pour le moment, jeune encore et disciple
de tous, il est sous une charmille espagnole,

au bord du Manzanares, en mai; à l'*Auberge du Coq*; en 1778; avec Ramón Bayeu et José del Castillo, peintres; avec Josefa? Vous plaisantez; avec un torero aussi, Madame? Pourquoi pas: ils ont amené Pedro Romero ou son frère José, ou les deux, car en compagnie de ces tueurs de bœufs on est sûr d'attirer les majas comme le miel les guêpes. C'est donc une de ces manolas racolées qui nous a raconté ce repas, ce déboutonné d'hommes peu scrupuleux festoyant, ce bavardage d'artistes où résonnent surtout des espèces trébuchantes, et tous ces feuillages généreux penchés sur des hommes de gain, ces vins généreux dans leurs gorges cupides, mais amicales, fuyant la peine; c'est l'une d'elles, et peut-être celle-ci justement, Narcisa je crois, dont la main du petit Aragonais enserre durement la cuisse sous la dentelle, sous la table, dans l'ombre: car

vous le savez, Madame, il nous aimait beaucoup, comme on dit, pour peu que belles
ou non nous lui tombions sous la main ; il
nous peignait, sans histoire nous atteignait,
sous la table ou par-dessus, en paroles, de
cette manière ou de celle-là nous touchait,
et sans histoire nous consommait – c'est que
maintenant il se donnait le droit de jouir, ce
n'était plus de lavandières, on pouvait les
montrer, et quand on peint des plafonds
pour les princes et qu'on veut se divertir on
en a le droit, comme un prince. Et puisque
tout cela, pour le petit gros, était sans autre
embarras que de justes paroles au juste
moment dites et de jupes nombreuses au
bon moment levées, je n'en parlerai guère,
voulez-vous. Il n'y avait pas de mal, car son
mal, à lui, n'était pas là. Elle disait donc,
la manola, que nos trois peintres faisaient
sans compter bombance avec leur matador,

leur faire-valoir, cette preuve vivante, un peu encombrante et niaise, mais si lucrative, cette preuve affichée qu'on n'était pas des cuistres, qu'on préférait la vie à la peinture, le sang à la couleur : et s'ils se mettaient à plusieurs pour jouir des feuilles et du vin, de mai et des filles, ce n'était pas pour célébrer un peintre vivant ou pleurer un peintre mort ; c'était, ma belle, parce qu'ils avaient décroché – parce que Bayeu-le-Grand avait décroché pour eux – une fabuleuse commande, une grosse commande de gagne-petit.

Le roi et la Cour étaient à Aranjuez, comme chaque printemps, dans les eaux qui cascadent et les champs de jonquilles ; or parmi les jonquilles le roi avait pris fantaisie de s'ennuyer de sa grande collection de peintures d'Espagne, laissées au Pardo, et dans le Pardo même sur les murs de ce salon immense dans quoi il avait coutume de s'habiller au saut du lit comme s'habillent les rois, c'est-à-dire cent pas et autant de dignitaires entre la chaussure et l'habit, cent pas encore de l'habit au grand cordon, cinquante hidalgos entre le cordon et le gant, et quand se frottant les yeux il sortait de la chambre à coucher il voyait le tricorne là-bas au fond, tout petit sur du velours bleu comme au bout d'un col des Asturies la cabane d'un berger, ce dernier petit morceau noir qu'il ne mettrait sur sa tête qu'au terme d'un périlleux défilé de Vélasquez muets, de Ribera noirs, de grands dignitaires à panaches, vrais ou peints, d'ancêtres morts et vifs ; les dignitaires vifs le suivaient partout, à Aranjuez en mai, à la Granja en août, à l'Escurial à l'automne ; mais les dignitaires morts restaient au Pardo, impavides sur leurs grands pans de murailles abruptes et de ceux-là il s'ennuyait ; il avait peut-être besoin de cette montagne d'hommes morts pour l'accueillir au grand jour, encore songes du roi et jadis chairs de rois : et par le canal de cinq ou six dignitaires vifs il fit savoir à Bayeu-le-Grand qu'il voulait voir apparaître aussi sur son petit lever, à la Granja, à Aranjuez, les dignitaires et les aïeux morts, qu'il voulait un petit reflet de cette grande montagne sur sa tête, où qu'il s'habillât ; et Bayeu-le-Grand avait chargé Bayeu-le-Petit, del Castillo et Goya, qui n'étaient pas dignitaires et qui avaient la main leste, de reproduire encore une fois ces reproductions d'hommes morts, à l'eau-forte, pour un fort salaire.

Ce salaire qu'ils n'avaient pas empoché, nous disait la manola, ils l'ont sacrément entamé, à l'*Auberge du Coq*. L'après-midi décline, le soleil change, et les tricornes

maintenant sont en plein dedans, posés
sur la nappe, ils absorbent sans un pli
toute cette lumière, ils sont aussi noirs que
devant, quand la charmille verte les ombrait
à midi. On apporte encore du vin. Ils sont
à point, les brigands. Ils ont jusque-là parlé
réaux, ducats, parlé proximité des princes,
mains d'infants à baiser et grands cordons
à ceindre ; il y a eu une petite dispute quand
ils ont partagé le butin : Ramón est frère de
Bayeu, del Castillo est le plus âgé ; quant
à Francisco qu'a-t-il fait sinon ces cartons
– fort beaux, certes – pour les liciers de Santa
Bárbara ? Il n'aura donc qu'un quart, belle
somme tout de même, non, Francisco ? Il
m'a serrée plus fort, dit la fille, et plus haut,
mon Dieu je l'ai laissé faire, le vin, tout ce
soleil sur la table, les feuilles vertes. L'autre
main froissait la nappe. Il a crié un peu. Eux
aussi l'ont laissé faire, lui ont promis un peu

plus et il a cédé, le vin sans doute, l'amitié
tout de même, et le grand bras de Romero
autour des épaules du petit coléreux : *allons
Francisco, la chambre du roi !*

Maintenant – mais tout cela me trouble,
dit la manola, je les écoute à peine –, ce
n'est plus monnaie qu'on entend, réaux,
c'est d'une autre espèce sonnante aussi
qu'ils parlent, ce sont des noms lourds qui
volent avec les guêpes lourdes et le vin dans
nos têtes, c'est avec des grands noms qu'ils
s'engueulent, ils se partagent la tâche, nos
larrons, à toi Murillo, à toi Vélasquez ; *je
prends Ribera,* dit del Castillo. À la table
voisine, des bouviers aussi s'empoignent,
pour des histoires de bœufs. Goya est en
train de chasser de la main, l'autre main,
une guêpe, quand on lui propose Vélasquez :

il veut bien, celui-là ou un autre, il n'est plus trop à la conversation depuis qu'on lui a promis deux mille cinq cents comptant, il est de sa main très occupé de moi, il regarde au-dessus de nous l'enseigne de l'auberge, le grand coq en fer-blanc, les ailes ouvertes, et moi aussi je le regarde, je ne me contrôle plus; on dirait qu'il chante, comme quand l'autre a renié on ne sait plus qui; Francisco se penche vers moi, me dit en plissant les yeux qu'avec des plumes de colombe et des roses chair, ça ferait un bel ange au-dessus d'un paradis : il montre tout cela, bouviers, peintres allumés, guêpes dans du vin tombées, arbres de paradis, et moi sous sa main. Il rit, la tête dans son bras sur la table, parmi les chapeaux noirs intacts et les carafes. Il a beaucoup bu. J'ai tourné la tête, nul ne me voit. Les tricornes ne bougent pas, le soir vient; il n'y a plus de vin dans nos verres ; je lisse ma jupe. Il relève la tête, il rit aux larmes, il dit : *mais oui, Vélasquez*. Pauvre Francisco. Ils allèrent donc au Pardo, le lendemain ou huit jours plus tard. Vous pouvez les imaginer, Madame, comme moi-même je les vois, franchissant le grand portail tôt le matin en mai. Ils sont à cheval, Goya est un peu à la traîne, car il monte mal, il serait mieux à pied – mais on a un cheval tout de même, voyant, pie ou isabelle, aussi différent qu'on peut du bourricot qui vous amenait jadis dans des chartreuses perdues sous leurs cloches au coin d'un bois, et qu'on aimait mieux peut-être que le cheval pie, mais sur quoi on n'aimait pas être vu. L'habit est à la française, gilet piqué, gants beurre, et ce beau vert frais de redingote qui convient au printemps : on s'est nippé pour aller chez le roi, même si le roi n'y est pas ; c'est du moins ce qu'on croit.

Il franchit donc ce portail. Comme le temps est beau. Beaucoup de cloches s'envolent, on est de même léger. Il y a nombre de gardes flamandes, de piqueurs, de porte-clefs et d'intendants ; on ne les salue pas, les portes l'une après l'autre s'ouvrent merveilleusement sous vos pas, on jette les guides du cheval pie à un comparse, on ne regarde pas ces visages qui n'ont pas de nom quand on est, soi, Francisco Goya, qui dans dix ans sera Tiepolo et qui déjà gravit ce perron où le roi, chaque jour de chaque hiver, marche. Enfin on est dans la place, et le dernier portier on le salue bien bas, car celui-ci, c'est un prince – mais qu'est-ce ici qu'un prince ? Il vous précède dans des couloirs parfaits, très longs, et des grandes fenêtres le jour tombe droit sur des choses qui brillent, de l'or, des San Isidro et des San Fernando, des miroirs où reflet après reflet on voit passer derrière trois escogriffes à chaque fois la même petite grosse redingote vert tendre et les cheveux bouclés – le tricorne est à la main ; des grandes fenêtres donc le jour ruisselle sur des tentures pourpre épais et d'autres armoriées, toutes les Flandres et toutes les Espagnes, les Flandres perdues mais là, les Grandes Indes perdues mais là, tout le bric-à-brac épique à cent quartiers dans quoi les rois s'assoient. Tous les plafonds sont peints, qu'importe, on les repeindra. Goya sourit : ce n'est donc que cela ? Oui ; mais c'est le meilleur de ce monde, et dans dix ans cela sera à lui. Enfin la dernière grosse clef tourne dans la dernière grosse serrure, ce doit être là, l'antichambre où le roi Bourbon s'habille parmi ses peintures désuètes, ses Habsbourg morts ; ça a l'air mal éclairé, on va avoir du mal à travailler. Le prince qui n'est qu'un portier les prie d'entrer ; pourquoi fait-il si sombre, il y a bien de grandes fenêtres là aussi, et du jour ; on cligne un peu, on lève la tête : on est dans la caverne, avec aux murs les grands monstres.

Ici, Madame, quand le prince portier est parti en refermant la porte, nulle ne nous a dit ce qui était tombé sur Francisco Goya. Les lingères qui les ont vus caracoler dans la cour, elles n'entrent pas ici, et les princesses qui y entrent, elles sont à Aranjuez, à cueillir des jonquilles. Supposons, donc. Qu'est-ce qui l'accable, au moment juste où il jette avec désinvolture son tricorne sur un meuble, défait son gant ? Ce n'est pas Vélasquez tout de même, il le connaît, il en a vu mille estampes ; la peinture de toute façon ne peut l'accabler, il connaît. Il n'y a là guère que peintures, pourtant. Quel soleil disparaît? Qu'est-ce qui fait de poix cette antichambre où la lumière à monceaux entre, où de tableau à tableau s'ébattent les beaux bleus, les rouges, les blancs de jasmin et ces torrents de perles, tout ce gris ombrant le blanc? C'est quelque chose là-dessus d'immobile, dites-vous, mais pourquoi alors cela tourne-t-il autant, pourquoi tout cela d'immobile et de las s'enroule-t-il furieusement dans de plus en plus d'ombre, au galop? Non Madame, ce ne sont pas ces chevaux cabrés avec dessus leurs infants à hochets, terrifiés et impassibles, leurs comtes-ducs terrifiés et très braves, leurs capitaines vaincus et leurs capitaines vainqueurs, terrifiés: vous voyez bien qu'ils ne bougent pas, ce sont des chevaux de bois pour petits infants. Et non, les vertugadins ne tournent pas non plus avec leurs petites poupées dedans, elles sont si malheureuses, voudriez-vous qu'elles dansent? D'où vient alors tout ce vent? Pas des sierras mortes peintes là-bas, et ces arbres ils sont aussi las que les hommes, ils ne bougeraient pas d'une feuille dans la tempête du Jugement. C'est ce noir peut-être qui galope et qui vente, tout ce noir derrière et devant, et tout ce noir dans les corps, qui les traverse, les troue, les vide, cet air ou ce plomb dans la peau mal finie des infants, des comtes-ducs, de Philippe IV et des nabots qu'il fit comtes. Oui, vous avez raison Madame, ils rient aussi les tristes sires, peut-être de tout ce vent qu'ils ont dans la peau. Ça vente là-dedans, ça nous emmène. Ah, nous ne saurons jamais, nous tournons. Allons, vous et moi, dans ce chaudron de noir sévillan où tourbillonnent des morceaux de princes enfants, des moustaches de roi triste, un gant perle et des jasmins andalous ; où nage le nom de Diego Vélasquez et sur cinquante toiles émietté son grand cadavre ; et où tout à fait au-dessus comme un fétu est emporté en habit vert tendre le petit Goya, dans cette marmite, lisons.

Il avait trente-deux ans, le petit fétu, quand il fut une bonne fois emmené là-dedans. Et personne n'en sut rien. Ils ne virent pas cela, del Castillo et Ramón Bayeu, déjà occupés à croquer de doux Murillo et d'extravagants Ribera, chairs de boucherie dans du linge de blanchisseuse, à l'autre bout de ce qu'ils prenaient pour l'antichambre d'un roi mais qui était quelque chose comme un lazaret, le fond de cale d'un vaisseau négrier au centième jour de la traversée, au passage de la Ligne, et dans quoi le petit Goya s'apprê-tait à ramer pour toujours, non pas avec ces rames de frêne avec quoi hier encore il étalait des bleus Tiepolo, mais avec des rames de plomb. Il les regarda un peu tous les deux, ses complices, là-bas au fond de la grande pénombre, penchés sur leur croquis, incertains s'ils gommeraient, s'ils traceraient encore, passionnément désemparés, l'air pourtant sûr de soi, le crayon tenu largement comme un sceptre, un hochet. Ils devaient déjà avoir mal à la nuque, à tant lever le nez vers les hauts tableaux : on n'est pas fait pour regarder si haut ; on n'est pas fait non plus pour lâcher crayons et hochets, boire et tomber sous les cieux peints, un peu grogner et roulé en boule dans l'habit de cour assi-dûment ronfler, sous *Les Ménines*. Mais que faire entre les deux, quand on n'est pas un homme peint ? Goya prit sur le tabouret où il l'avait jeté son tricorne, et s'assit douce-ment, ce tricorne entre les mains, qu'il regardait. Il se mit à penser doucement. Il pensa à un âne depuis longtemps sans doute mort et jeté aux chiens, à qui il avait parlé de Raphaël, honteux mais plié de rire sur les grandes oreilles ; il pensa à un chien borgne qui avait peur des saints boiteux de Francisco Goya ; il pensa à des paysans aragonais, les joues bleues, à des princes Habsbourg aux joues blondes, à des princes Bourbon, les joues bleues ; il pensa à des princesses floues et à des chairs nettes, au désir qu'on a des femmes et qui s'en va quand on les peint, car on ne peut faire alors que leur chair ne soit blessée, sans gloire, si vaillante et fardée sur tant de terreur ; il pensa à un vieil homme de Saragosse qui modestement mettait une petite pellicule d'or entre le monde et les hommes ; à une femme morte qui apportait sans bruit du chocolat à un futur peintre du roi, sans bruit s'effaçait, floue dans sa mémoire, floue sur terre quand elle y fut ; il pensa que les rois sont meilleurs ou pires que les autres hommes, s'il leur faut chaque matin au lever sur la tête une avalanche de spectres. Il pensa à beaucoup de chemin fait en pure perte. Il pensa que le bagne de Saragosse allait pour lui recommencer, mais cette fois sans recours, sans Madrid au bout, sans roi pour lever l'écrou, sans plafonds à trouer, sans rien. Il fit le tour de cela, tandis que le tricorne entre ses mains machinalement tournait. Il releva pour finir la tête vers ces grandes choses emphatiques qui paraissaient des hommes.

Des hommes, sans doute. L'étendue nous pèse, le sol est vieux, les cieux n'ont que des nuages, autant que l'étendue ils pèsent ; nous sommes entre les deux, nous regardons très haut ou alors entre nos pieds la terre, nous ne sommes pas là ; seuls parfois les parures, les tulles, les uniformes et leurs soutaches, existent, éclairent quelque chose de furtif: c'est l'âme, peut-être, qui par intermittence brille sur les petits boutons de nacre des gilets, au long des rabats de dentelle monte vers un paradis, cascade et se réjouit dans les épaulettes, et c'est elle encore qu'à la main on tient, que sur la tête on porte, noire et damnée, dans les tricornes. Mais ce corps que le vent visite, où mettrait-il l'âme? Il ne s'envole pas certes, tout ce vent le tient là. Il n'existe pas même en pied, avec une âme en haut et solidement campé ici-bas sur ce sol où l'âme, comme elle peut, s'exerce. Il va sur deux pieds pourtant, comme font les bourricots quand, les deux pattes de devant sur une murette, ils broutent patiemment les tendres feuilles. Il est passionnément vague, il ne sait s'il doit se pencher plus bas pour ramasser ce qu'il a perdu ou renverser la tête vers le haut, bouche ouverte, mendiant la manne et recevant de la pluie ; il ne sait ; alors indécidé il se tient droit et il vous regarde, il faut bien puisque vous daignez le peindre, mais il ne regarde rien. Est-ce cela qu'hier encore on appelait la Chute, Madame ? Est-ce cela, cette lumière pleine de terre et ce roulé-boulé très digne de corps immobiles, est-ce cela qui n'en finit pas de tomber dans ces corps qui ne tombent pas parce que des vertugadins, des cuirasses, des royautés les tiennent ? Croyez-vous que ce soit seulement le ciel des Flandres qui pèse sur tant d'urbanités lasses que se font deux capitaines, entre deux haies de pals ? Ces *Fileuses,* qui ne sont qu'un tableau devant quoi le petit gros est planté, vous savez trop ce qu'elles filent, Madame : les bobines sont lourdes et pleines, elles choient, elles roulent, elles se dévident, on coupe, toutes finissent mais elles n'ont pas de fin, après l'une, l'autre. Assez, dites-vous ; ces mots vains vous lassent, ces machines vous assomment. Regardez une dernière fois : au coin de ce tableau qu'on appelle *Les Ménines,* ce carré d'air épais, cette chambre hagarde dans quoi se tiennent des nabotes, un calme chien d'enfer qui attend, des malheureuses qui tombent tout droit et de vieux rois au fond comme des brumes d'été sur du vide, le peintre sévillan mort, palette en main, œil indécidé, morne comme un Habsbourg, lointain comme un Saturne, ne regarde rien et fait mine de regarder Goya endimanché, en mai 1778.

Goya regardait ce qu'il ne pourrait jamais peindre et que pour cette raison il

devait désormais peindre. S'il avait voulu se
mesurer au plus opaque, il n'avait pas raté
son coup : mais qu'il l'eût voulu ou non,
c'était fait, cela s'engouffrait et tombait
dans la petite grosse redingote comme cela
tomba jadis dans les cuirasses de la Maison
d'Autriche ; et lui, qui n'avait pas la palette
sévillane qui montra comment ça tombe,
il devait pourtant le montrer, avec ce qu'il
avait, avec la palette aragonaise rafistolée
chez les Vénitiens, avec son peu d'enten-
dement et son esbroufe, là où le seigneur
sévillan paraissait tout entendre et ne
mentir jamais. Car ainsi vont les beaux-arts,
Madame : des ancêtres peignent le monde,
ils désespèrent, ils savent que le monde n'est
point tel qu'ils le voient, moins encore qu'ils
le peignent ; mais viennent des petits-fils qui
soudain voient le monde tel que les vieux
le virent, et tel aussi pourtant qu'eux-mêmes

croient le voir, qui entre les deux s'affolent ou se figent, gros sphynx de nuit entre deux lanternes ou ânes de Buridan, qui désespèrent et peignent. Ainsi cela va-t-il, de père en fils, de nains vivants qui cherchent à s'équivaloir à des géants morts, du mort au vif, le jeu des nains géants. Le prince du Bon Retrait, le Sévillan taciturne, celui qui n'est plus que l'ombre d'un cyprès ou son de cloche dans les jardins du Buen Retiro, Vélasquez, dans les jardins du Buen Retiro se promenant, offrant sa défroque d'ici-bas à la fraîcheur du soir, il voulait s'équivaloir, aussi. Et son prince à lui, son Seigneur Retiré, c'était peut-être le peintre-duc des Flandres à quartiers de viande saignante et femmes si blanches emportées dans la Chute, si grasses jouissant de la Chute, ou au contraire ce Grec de Tolède qui rama contre le courant, qui peignit pour qu'on tombât moins, et dont toute chair remonte à la source, à peine chair, ailes, dentelles des fraises, air et bruissements d'air ; ce fut peut-être Titien, dont les rayons sont d'or pur, ou Tintoret, qui les fit d'absinthe : et de cet or ou de cette absinthe n'avoir su tirer qu'un peu de miel terreux, voilà peut-être ce qui l'accablait le soir sous les cyprès du Buen Retiro, ce qui lui ôta toute parole qui ne fût courtisane, qui le fit manger dans la main d'un roi et lui fit accepter ces charges mercenaires, grand camériste, grand porte-clefs, Grand Maître du Logis du Palais, chevalier de Santiago, pour qu'enfin il réussît en quelque façon, lui qui échouait à concevoir la Chute débridée aussi bien que l'envol. Mais lui non plus, il n'avoua pas ; il fit ce qu'il put ; il ne peignit pas la débauche de la Chute, pas l'ascension vertigineuse, toutes choses que seuls les géants peignent ; mais à mi-chemin, des seigneurs de chair qui n'arrivaient pas à jouir de la Chute, et qui jamais pourtant ne monteraient aux Cieux.

C'est trop simple, Madame? Il avait déjà vu bien des Vélasquez, notre ami Francisco, il n'y eut ce jour-là ni révélation, ni gouffre sous ses pieds. Et vous dites que je n'ai pas parlé non plus de ce voyage que jeune il fit à Rome, où il eut loisir de tout étudier et assimiler, Vélasquez comme ses maîtres, le meilleur de la peinture? Sans doute. Vous avez raison. D'où m'est venue cette sombre histoire de caverne? J'ai rêvé encore devant cette marmite sévillane, c'est moi qu'elle a enivrée, et je voudrais que ce fût Goya, tant je suis une vieille sotte. D'ailleurs ne le voyez-vous pas à midi sortir du Pardo en caracolant, un peu gauche mais très fier, notre peintre sur son cheval pie? Salut, Peintre de la Chambre. Le voici derechef dans des guinguettes au bord du Manzanares, banquetant, plus adulé des majas que jamais depuis qu'il se flatte de tutoyer les Castillans, elles battent des mains autour de lui, toutes ces jupes colorées se retroussent un peu, s'assoient, frôlent des nappes, de beaux Messieurs rient, poètes et matadors ont de grands gestes heureux dans l'ombre fraîche, peut-être parlent-ils déjà de libertés à venir qui sous le manteau circulent, au-delà des Pyrénées. Le tricorne est sur la table, mat, dans les carafes pleines le vin brille. Je ne vois guère Vélasquez. Mais que de glaïeuls sur l'eau. La journée de demain sera belle encore.

COLLECTION VERDIER/POCHE

Cet ouvrage a été achevé d'imprimer en septembre 2013
dans les ateliers de Normandie Roto Impression s.a.s.
61250 Lonrai
N° d'imprimeur : 133397
Dépôt légal : mai 2013

Imprimé en France